西暦	日本の動き	アジア・アフリカ
1830	実学・尊王攘夷思想 開国・倒幕の運動が激化 文明開化 生活の近代化 明治維新 自由民権の思想 近代的な国家体制の確立へ	
		1839 ムハンマド・アリー、 清＝林則徐、広州でア
		1840 アヘン戦争（―1842）
		1842 清＝イギリスと南京条約を結ぶ
		1845 インド＝第1次シク戦争（―1846）
		1851 清＝太平天国の乱　洪秀全、太平天国を建国
		1855 リビングストン、ビクトリア滝を発見
		1856 清＝アロー戦争（―1860）
		1857 インド＝セポイの乱（―1858）
		1858 清＝ロシアと愛琿条約、イギリスなどと天津条約 ムガル帝国滅亡 インド＝イギリスの直接統治はじまる
		1860 北京条約調印
		1862 清＝洋務運動はじまる
		1863 カンボジア＝フランスの保護領となる
		1864 清＝太平天国の乱おさまる
		1869 スエズ運河開通
		1874 ベトナム＝フランスの保護国となる
		1876 日朝修交条規締結
		1877 インド帝国成立、イギリス領となる ロシア・トルコ戦争（―1878） サン・ステファノ条約
1880		

目　次

リンカーン　　　文・有吉忠行　　…………… 6
　　　　　　　　　絵・高山　洋

ダーウィン　　　文・有吉忠行　　…………… 20
　　　　　　　　　絵・永沢　樹

リビングストン　文・有吉忠行　　…………… 34
　　　　　　　　　絵・鮎川　万

ショパン　　　　　　　文 加藤貞治　　絵 江崎やすこ　……… 48
シューマン　　　　　　文 加藤貞治　　絵 江崎やすこ　……… 50
ミレー　　　　　　　　文 有吉忠行　　絵 江崎やすこ　……… 52
ビスマルク　　　　　　文 有吉忠行　　絵 永沢　樹　………… 54
ブロンテ姉妹　　　　　文 有吉忠行　　絵 永沢　樹　………… 56
マルクスとエンゲルス　文 有吉忠行　　絵 高山　洋　……… 58
ドストエフスキー　　　文 有吉忠行　　絵 田中　潔　………… 60

読書の手びき　　　　　文 子ども文化研究所　……… 62

せかい伝記図書館 10

リンカーン
ダーウィン
リビングストン

いづみ書房

リンカーン

(1809—1865)

黒人どれいを解放にみちびき、南北分裂の危機を救った、アメリカの偉大な政治家。

● 部屋がひとつの丸太小屋

　鉄のくさりにつながれ、むちで打たれ、どれいとして、まるで牛や馬のように売り買いされた黒人。

　この黒人どれいの自由のために力をつくしたエイブラハム・リンカーンは、1809年に、アメリカ合衆国東部のケンタッキー州で生まれました。アメリカ合衆国という国が誕生してから、わずか33年ごのことでした。まだそのころは、アメリカ大陸にヨーロッパの国ぐにから渡ってきた白人の開拓者と、大陸にむかしから住んでいたインディアンとのあらそいが、各地でつづいていました。

　リンカーンの父も、インディアンに殺された開拓者の息子でした。しかし、この父には、大地にかじりついてでも自然のきびしさとたたかおうという開拓者だましいが、ありませんでした。どこかによさそうな土地が見つ

かると、自分の土地をさっさとすてて、家族を馬車に乗せて引っ越してしまうような人でした。そのため、家庭はいつも貧しく、未来の大統領リンカーンが生まれた家は、部屋がひとつの小さな丸太小屋でした。

　リンカーンは、野や山をかけまわりながらたくましく育ちました。そして、わずか６歳のときには、たきぎ集めも、水くみも、たねまきも、それに馬のせわまでできるようになっていました。

　しかし、ＡＢＣが書けるようになったのは、やっと７歳のときでした。

「なにも学校などに行くことはない。はたらくことさえ

知っていれば、それでよいのだ」

　父はこういって、学校に通うことに、反対しました。でも母は、わずかな時間をみつけて、リンカーンと姉のふたりを、時どき学校に行かせてくれました。

　学校といっても、教室がひとつだけで、机もない丸太小屋です。でも、文字をおぼえられることや、友だちとあそべることは、リンカーンには、それまでに１度も経験したことのない、すばらしいことでした。

　リンカーンは、学校で学んだことは、ひとつのこらず母に話して聞かせました。

　ところが、それから２年もたたないうちに、やさしかった母は、たいへん高い熱のでる伝染病にかかって、亡くなってしまいました。

　１度も医者にみせてやれなかった母が、かわいそうでなりませんでした。リンカーンは、家族のことを少しも考えない勝手な父を、ひそかにうらみました。

●学校へ行けず、友だちは本だけ

　母が亡くなって１年たったある日、丸太小屋のリンカーン家は、いっぺんに大家族になりました。父が、３人の子どものいる女の人と、２度めの結婚をしたからです。

　新しい母は、亡くなった母にもまして、やさしい人で

した。自分がつれてきた3人の子どもと、リンカーンたちを、わけへだてなくかわいがりました。それに、あいかわらず教育などなんにもならないと考えている父を説得して、となり町にできた学校へ通わせてくれました。

こんどの学校には、机も本もありました。リンカーンは、お金のかわりに、野菜や小麦粉などを授業料として払い、はたけ仕事のない冬のあいだだけ、学校に通いました。学校まで片道2時間もかかるのに、ちっとも苦になりませんでした。しかし、リンカーンの一生で学校に学んだのは、これが最後となりました。

リンカーンは、文字をすっかりおぼえてからというも

のは、本がいちばんの友だちになりました。
「本には、ぼくの知らないことが、いっぱいつまっている。本を読んでいると、頭のなかに考えがどんどん広がっていくんだよ」

　本を読んで、いろいろなことを覚えるのが、たのしくてしかたがありませんでした。でも、本を買うお金がありません。リンカーンは、本をもっている人をさがして、どんな遠くへでもでかけて、貸してもらいました。そして、何度でも、気のすむまで読みかえしました。

　ある日のこと、近所のおじさんから借りてきた『ワシントン伝』を、夜、寝ているあいだに、雨もりでぬらしてしまいました。

「あっ、雨のやつ……。どうしよう」

　リンカーンは、泣きたくなってしまいました。でも、しかたがありません。しょうじきなワシントンの伝記を読んだばかりのリンカーンは、ぬれた本をかかえて、おじさんの家へとんで行きました。そして、おわびに、それから３日間、自分からすすんで、おじさんの家のはたけではたらきました。

「すなおで、がんばりやの、たのもしい少年だ」

　３日めに、おじさんは『ワシントン伝』をリンカーンにプレゼントしてくれました。このときのうれしかった

ことを、リンカーンは一生忘れませんでした。自分の本をもったのは、これが初めてだったのです。

●父や母と別れて

リンカーンは、なによりも本を読むのがすきでした。でもけっして、おとなしいだけの少年ではありませんでした。

17歳になると身長は190センチ以上にのび、力も勇気もだれにも負けませんでした。そのうえ、じょうだんがたいへんとくいで、いつも、まわりの人を笑わせていました。心はやさしく、力も強く、それに、もの知りの

リンカーンは、村の人気ものでした。

やがて19歳になったとき、リンカーンは、村1ばんのお金持ちにたのまれて、1500キロもはなれたニューオーリンズへ、船で品物を売りに行きました。

お金持ちの息子とふたりだけの、3か月間の旅は、まるで、ぼうけんのようでした。船は、岩や流木に、何度もぶつかりそうになりました。夜、船を岸につけてやすんでいるとき、数人のどろぼうにおそわれ、大かくとうのすえ品物を守ったこともありました。

この旅は、田舎で育ったリンカーンには、たいへんきちょうな体験でした。アメリカ大陸が広いことや、都会のめまぐるしさや、世のなかにはさまざまな人間がいることなどを、自分の目でたしかめることができたからです。足をくさりでつながれた黒人どれいを初めて見たのも、このときです。

「開拓者になることだけが、人生じゃないのだ」

リンカーンは、自分の生きる新しい道を考えて、大きく胸をふくらませました。そして、それから3年ののち、また新しい土地へ引っ越して行った家族と別れをつげて、ひとりで歩き始めました。リンカーンは、このとき22歳でした。

リンカーンが、希望にもえてふみだした道は、ニュー

セーレムという町の雑貨屋の仕事でした。

　ところが、リンカーンのまじめさで「しょうじき雑貨屋」と評判になった店も、わずか1年でつぶれてしまいました。店の主人がお金を使いすぎたうえに、リンカーンが、勉強熱心のあまり、いつも本を読んでいたり、店にくる人たちと議論をしたりしてすごすことが、おおくなってしまったからです。

● 雑貨屋から議員へ

　でも、このことが、リンカーンが政治の道へ進むきっかけとなりました。仕事を失っても本から学ぶことを忘

れないリンカーンを見て、町の人びとが、イリノイ州の州議会議員に立候補することを、すすめてくれたのです。

　リンカーンは、家が貧しくても、学校の教育を受けられるようにしなければならないことや、国民みんながしあわせになる法律をつくらなければならないことなどを叫んで、議員に立候補しました。23歳でした。

　しかし、選挙の結果は落選でした。ニューセーレムの町の人たちは票を入れてくれましたが、ほかの土地の人びとは、まだリンカーンの名を知らなかったのです。

「1度失敗したからって、なんでもないさ」

　リンカーンは、町の人たちのせわで、郵便局長になってはたらき始めました。郵便局長といっても、たったひとりだけの郵便局です。リンカーンは、手紙をぼうしに入れて、配達してまわりました。

「しんせつな、ぼうしの郵便局長さん」

　リンカーンは、すっかり町の人気ものになりました。しかし、収入が少なくて生活ができません。そこで、測量の技術をおぼえて、野山をかけまわりました。

　やがて、つぎの選挙のときがくると、ふたたび立候補しました。ところが、ほかの土地へ行くと、人びとは、やはりリンカーンのことを知りません。ある村では、農民たちが笑いながらいいました。

「口ばかりじょうずで、ほかになにができる、麦かりひとつできないだろうさ」

これを聞いたリンカーンは、上着をぬいで農民からかまを借りると、あざやかな手つきで、麦をかりはじめました。農民たちは、二度と笑いませんでした。

●はたらきながら弁護士の資格をとる

ついにリンカーンは、イリノイ州の議員に第2位で当選しました。両親と別れてひとりで生活するようになってわずか3年め、しょうじきものの青年は25歳でした。
しかし、政治のことも法律のことも、まだ知識がたり

ません。そこでリンカーンは、議会が開かれないときは測量で収入を得ながら、弁護士の勉強をつづけました。そして2年ごには、最高点で議員に再選され、弁護士の試験にも合格しました。

「あのリンカーンは、きっとりっぱな政治家になるぞ」

　ほかの議員たちも、町の人たちも、リンカーンの勉強ぶりと、議員になっても少しもいばらないすがたを見て、この若い政治家をほめました。

　そのころ、アメリカ合衆国の各州では、黒人のどれい制度をめぐって、賛成か反対かの議論がはげしくなっていました。

　リンカーンには、皮ふの色がちがうだけで人間が差別されていることが、どうしても許せません。

「どれい制度は、廃止しなければならない悪い制度です。どれい制度をこのままにしておいては、正しい政治とはいえません」

　リンカーンは、州議会に自分の意見をまとめて提出しました。しかし議会では、若い議員の意見など、しんけんに取りあげてくれませんでした。

●国と黒人を救った大統領

　議員に5回連続して当選した33歳のリンカーンは、

　メアリーという女性と結婚して平和な家庭をもちました。でも、自分の家庭がどんなに平和でも、少年のころニューオーリンズで見た、足をつながれた黒人たちのすがたは、しっかりとまぶたにやきついたまま忘れられませんでした。

　そのご、38歳のときから国の議会の下院議員となって活躍をつづけたリンカーンは、1860年11月、51歳で第16代アメリカ合衆国大統領に選ばれました。どれい制度はアメリカの恥だという考えに、おおくの人びとが賛成してくれたのです。

　ところが、たくさんの黒人どれいをつかって大きな農

場を経営している合衆国南部の人びとは、リンカーンの意見に反対でした。そして、そのころ34を数えていた州のうち南部11州は、合衆国から脱退してアメリカ南部連邦を結成し、残る北部の州とのあいだで南北戦争をひきおこしてしまいました。

「国が南北に分れつしてしまうようなことだけは、ぜったいに、さけねばならない」

国をひとつにまとめなければならないリンカーンは、責任の重さに苦しみました。しかし、南北の対立は深まり、戦争は大きくなるばかりでした。

このとき、リンカーンがおこなったのが、歴史に残るどれい解放宣言です。

「1863年1月1日までに合衆国への反乱をやめないときは、南部の州の黒人どれいを永久に自由にする」

このどれい解放宣言のねらいの半分は、黒人どれいが解放されては困る南部の人びとに戦争をやめさせて、国の分れつをふせぐことでした。ところが、南部の州が戦争を中止しなかったため宣言はそのまま実施され、およそ300万人の黒人どれいは、自由の身になりました。そのうえ、どれい解放によって北部の人たちは勇気づけられ、5年にわたってつづけられた南北戦争は、北軍の勝利で終わりをつげました。

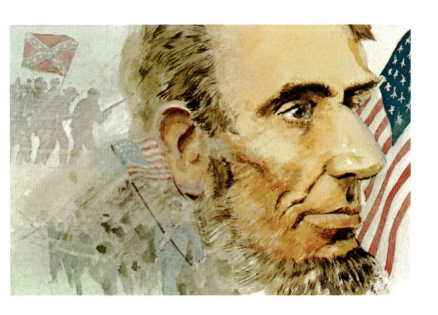

　リンカーンは、国の分れつを救うことができました。黒人どれいたちを、白人とかわらない人間として解放することもできました。そして、55歳のとき2度めの大統領に選ばれました。しかし、その翌年、劇場でどれい解放に反対する南部の男にピストルで射たれ、56歳の生涯をとじました。
「人民の、人民による、人民のための政治」「人間は、だれでも平等でなければならない」「人の自由をみとめない人は、自分の自由を楽しむ資格はない」
　リンカーンが語った言葉は、いまも、アメリカの人びとの心のなかに生きつづけています。

ダーウィン

(1809—1882)

生物は、下等なものから高等なものに進化することを『種の起源』に著わした博物学者。

● むちゅうになった昆虫採集

　少年が、古い木の皮をはいでいると、めずらしいカブト虫が2ひき出てきました。よろこんだ少年は、両手に1ぴきずつつかまえました。すると、もう1ぴき、いままで見たこともない新種のものが現われました。でも両手がふさがっています。困った少年は、とっさに右手に持っていたカブト虫を口へほうりこんで新種をつかまえようとしました。ところがそのとき、口の中のカブト虫が、にがい液をだしたからたまりません。少年は口の中のカブト虫をはきだし、目を白黒させながらかけだしました。カブト虫は、1ぴきもつかまりませんでした。

　昆虫採集が大すきだった、この少年は、のちに生物の進化論をとなえて世界の人びとをおどろかせた、チャールズ・ダーウィンです。

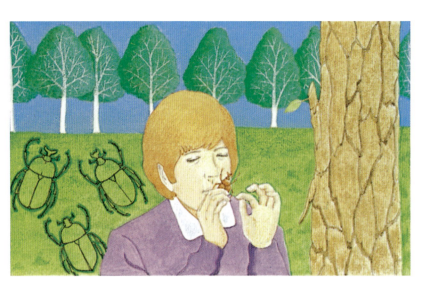

　ダーウィンは、リンカーンの生まれた日とまったく同じ1809年2月12日に、イギリス西南部の古い町シュルーズベリーでうぶ声をあげました。
　父と祖父はすぐれた医者として尊敬された人でした。母はダーウィンが8歳のときに亡くなりました。学校へ行きはじめたダーウィンは、母親がわりの姉から、いつもしかられてばかりいました。いたずらっ子で学校の成績もあまりよくなかったからです。
　未来の大博物学者ダーウィンは、このころから、昆虫、草花、貝、石など、身近なものを集めて観察するのが、なによりすきでした。科学の本を読んで、兄と実験にむ

ちゅうになったこともありました。学校のきまりきった授業はいつもたいくつで、成績はよくありませんでした。

「おまえは、ポコ・クランテだ」

あるとき学校で全校生徒の前によびだされて、校長先生から、こういってしかられたことがありました。それは、注意のたりないなまけもの、という意味でした。

しかし、ほんとうは、けっしてポコ・クランテではありませんでした。ポコ・クランテだったのは、むやみに暗記をしなければならない授業のときだけで、観察や実験をしているときは、いつまでも考えつづけるしんぼう強い少年でした。

● 医者になれず牧師をめざして

父は、16歳になったダーウィンを、自分のあとつぎの医者にするために、エジンバラ大学へ入学させました。

ところが、教室で先生の話を聞いているだけの授業は、やはり、おもしろくありませんでした。それに、医学の実習がすきになれませんでした。このころはまだ麻すい薬が発明されていない時代でしたから、手術を受ける子どもが痛さに泣き叫ぶのを見て、自分で手術をする自信を失ってしまったのです。

「ぼくは、とても医者になれそうもない」

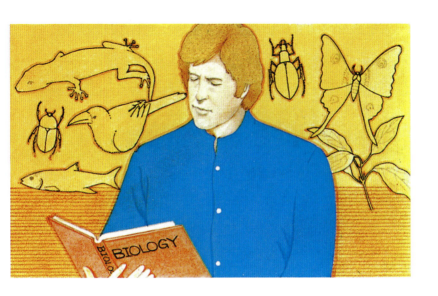

　ダーウィンは、大学の授業にはでないで、ポコ・クランテといわれたころと同じように、動植物の採集や化石の研究にいっしょうけんめいになりました。
　父はおこりました。そしてダーウィンに、医者がいやなら牧師になるようにすすめました。
「田舎の教会で牧師をしながら、すきな博物学の研究をつづけたらいいじゃないか」
　ダーウィンは、牧師になるのも、あまり気がすすみませんでした。でも、博物学の研究もつづけたらいい、といわれると心を動かし、エジンバラ大学を2年で退学してケンブリッジ大学の神学科へ進みました。

ケンブリッジといえば、イギリス最高の大学です。しかし、授業がつまらないのは、エジンバラ大学のときと同じでした。ただ、ヘンスロー教授の植物学の授業だけは、楽しみでした。

　ヘンスロー教授は、教室にとじこもっているのではなく、学生をつれて山や野へ行き、実際に動物や植物を観察しながら教えてくれることが、おおかったからです。

　ダーウィンは、いつのまにか、ヘンスロー教授と散歩するほどになりました。そして、神への信仰が深かった教授から、正しいものの考えかたや、他人への思いやりのたいせつさなども、おそわりました。

　ある日、植物を観察していたダーウィンは、いままでまったく気づかなかったことを発見して、まるで大発見をしたように、ヘンスロー教授のところへとんで行きました。ところがそれは、だれもが知っている平凡なことでした。しかし教授は、少しも笑ったりけいべつしたりしないで、その植物についてのくわしい知識と、ほんとうの研究のために、もっと深く勉強しなければならないことを、静かに教えてくれました。

　ダーウィンは、このときから、ますますヘンスロー教授を尊敬し、教授の教えを守って、生物の研究にさらに真剣にうちこむようになりました。

●ビーグル号で5年の航海へ

「南アメリカや南洋諸島の調査にでかける軍艦ビーグル号が、船に乗りこんでくれる博物学者をさがしています。ダーウィン君、行ってみませんか」

ケンブリッジ大学を卒業してまもなく、ヘンスロー教授から、こんな手紙がとどきました。

動物や植物の研究のために知らない土地へ行くことを夢見ていたダーウィンは、とびあがってよろこびました。

ところが、父は反対でした。牧師になるのに、なんの役にもたたないうえに危険だというのです。

しかし、ダーウィンは、どうしても行きたくてしかたがありません。そこで、父が信頼している叔父から、父を説得してもらいました。
「世界をまわって、いろいろなことを学んでくるのは、長い人生にとって、すばらしいことですよ」
　叔父のこのことばで、父は、やっと許してくれました。22歳のダーウィンは、医者にも牧師にもならずに、ビーグル号に乗りこむことになりました。
　1831年12月27日、ダーウィンを乗せたビーグル号はイギリスの港を出帆しました。航海の予定は2年でしたが、それが5年にもなろうとは、ダーウィンをはじめとして70数名の乗組員のうち、だれひとりとして予想したものはいませんでした。
　ビーグル号は、軍艦とはいっても長さ30メートル、幅9メートルほどの小さな船でしたから、揺れがはげしく、ダーウィンは、たちまち船に酔ってしまいました。そしてこの船酔いは、5年の航海のあいだ、ダーウィンを苦しめつづけました。
　しかし、船酔いくらいに負けてはいられません。
「めずらしいものや、ふしぎなことを、自分の目でしっかりたしかめるのだ」
　ダーウィンは、船が陸地につくと、胸をおどらせて

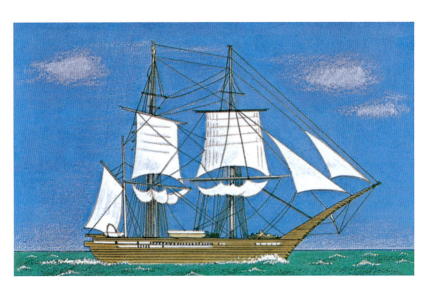

海岸や野山を歩き、動物、植物、地質などをこまかく調べてまわりました。

●南の島で発見した生物の進化

 船が、赤道直下の太平洋に浮かぶガラパゴス諸島へたち寄ったときのことです。

 たくさんの島のうちチャタム島へ上陸したダーウィンは、体重が100キログラムほどもある大きなゾウガメにであって、びっくりしました。そのうえ、島の人から、ふしぎな話を聞きました。

「この諸島には、どの島にもゾウガメがいます。でも、

そのからだは、同じ島にすむものは少しも変わりませんが、島ごとに比較すると、はっきり違っています」

同じゾウガメが、すんでいる島によって、からだのどこかが少しずつ違うというのです。

ダーウィンは、ほかの島へ行って注意深く調べました。やはり、島の人がいったとおりです。ゾウガメだけではありません。体長が１メートルもある大トカゲなど、ほかの動物たちも、みんなそうでした。

「なぜだろう。何か、はっきりした原因があるはずだ。そういえば、南アメリカ大陸では、北から南へ自然環境が変化していくのにあわせて、同じ種類の動物が、やはり少しずつ違っていた……」

ダーウィンは、ガラパゴスへくるまえに南アメリカ大陸を調査したときのことを思いだしながら、考えました。そして、しだいに、自然環境が動物のすがたを変えるのではないだろうか、と思うようになりました。

「はじめから、違うカメやトカゲがすんでいたのではなく、最初は、みんな同じだったのだ。それが、長いあいだに、それぞれの島で生きていくのにもっとも適しているように、変わっていったのだろう」

やがてダーウィンは、自分の疑問に、こんな答えをだしました。そして、生物は進化してきたのだ、というこ

とを、自信をもって考えるようになりました。

●疑問をいだいた人間の起源

　生物の進化を見つめたダーウィンは、この航海によって、人間の進化についても考えるようになりました。
　ビーグル号には、イギリスで10か月ほどすごしてきた3人のフェゴ人が乗っていました。ダーウィンは、このフェゴ人と仲よくなりました。ところが、3人をフェゴ島へ送りとどけたときのことです。
　フェゴ島で18日ほどすごしたダーウィンは、島の原住民たちが、悪いこととは思わずに、人のものをぬすん

だり人間の肉を食べたりするのを見て、考えました。

「同じフェゴ人でも船で送りとどけた3人は、しばらくイギリスで生活しただけで、道徳が理解できるようになっている。正しい教育を受ければ、どんな未開人だって、文明人に仲間入りすることができるのだ」

未開人から文明人への移り変わりについて、このように信じたダーウィンは、さらに考えました。

「未開人が文明人へ進歩したということは、イギリス人だって、はじめはみんな未開人だったということだ。そうだとすると、人間も、ほかの動物と同じように、環境に応じて進化してきたのにちがいない」

人間が、けものから未開人へ、未開人から文明人へと進歩していくすがたを、ダーウィンは、頭のなかにえがき、最後には、人間は神がつくったものだというキリスト教の教えに、疑問をいだくようになりました。

博物学者のダーウィンは、たとえキリスト教の教えにそむくことではあっても、ものごとを科学的に考えて、人間の進化のなぞを解き明かそうとしたのです。

● 忍耐づよい研究から生まれた『種の起源』

5年の航海を終えて帰国したダーウィンは、田舎にひきこもり『ビーグル号航海記』など、航海中の記録をま

とめながら、進化論を自信をもって主張するために研究をつづけました。

　まず、人間に育てられている家畜や作物を、よい品種につくり変えていくためには、どのような方法がとられているか調べました。そして、それは人の手で選ばれた、よい種によって、つくられていることを知りました。

　つぎに、自然の中では、どのようにしてよい種が選び残されているのか考えました。そして、昆虫などが1ぴきでいちどに数万個の卵を産みながら、この地球上が昆虫だらけにならないのは、生存競争で、環境にあった強いものだけが生き残るからだ、ということをつきとめま

した。
「動物も植物も、選ばれたものどうし、生き残ったものどうしによって、つねに新しい種ができ、その新しい種のくり返しによって進化してきたのだ」

航海から帰って23年めに、ついに、長いあいだの研究をまとめて、動物と植物の進化を証明する『種の起源』という本を発表しました。ダーウィンが、ちょうど50歳になったときのことでした。

『種の起源』は、とぶように売れ、ダーウィンの名は、またたくまに世界に広まりました。

ところが、キリスト教を信仰する人びとのあいだから、神をないがしろにするものだとして、はげしい非難がわきあがりました。

ダーウィンは、人間の起源に疑問をもっていましたが、この『種の起源』の中では、人間については何もふれていません。しかし、非難が起こったのは、この本を読めば、ダーウィンは「人間は動物から進化したものだ」と主張していることが、だれにもわかります。

むかしから「人間は神がつくったものだ」と、かたく信じてきた人びとには、それが許せなかったのです。

ダーウィンの考えを打ちくだいてみせる、と叫んだ僧もいました。

　しかし、がんこに反対していた人びとも、しだいにダーウィンの考えに耳をかたむけるようになりました。どのような非難も、科学的なとり組みのまえには、無力でした。

　ダーウィンは、そののちも進化に関するおおくの本を書き残して、1882年に73歳の生涯を終えました。

　自分の力で何かがわかるまで、忍耐づよく研究をつづけた大博物学者ダーウィン。

　進化論は、それまでの生物に対する考えかたを、すっかり変えてしまいました。メンデルがとなえた遺伝の法則とともに、19世紀最大の業績といわれています。

リビングストン

（1813—1873）

アフリカを探検し、未開の人びとへの伝道と文明化に生涯をささげたイギリスの宣教師。

●正直で負けずぎらいの少年

　いまからおよそ100年ほど前までのアフリカは、暗黒の大陸とよばれていました。北部のほうに２つか３つの国があるだけで、広大な大陸の大部分は、いったいどんな土地で、だれが住んでいるのかまったくわからなかったからです。

　この暗黒の大陸にすすんで足をふみ入れ、明るい灯をともしたのがデービッド・リビングストンです。

　リビングストンは、1813年、イギリスのスコットランドに生まれました。フランスのナポレオンが、ヨーロッパじゅうに勢力をふるっていた時代です。

　父は、お茶売りの商人でした。キリスト教を深く信仰し、自分にきびしく、人に正直に生きることを誇りにしていました。母も、自分のことより、人のことばかり心

配する、おもいやりのある人でした。

　リビングストンは、あたたかい家庭に育ちました。でも、約束をまもることだけは、きびしいしつけを受けました。人との約束をやぶって、むちで打たれるようなこともありました。お茶売りの息子が、のちに黒人たちからアフリカの父として尊敬されるようになったのは、父と母のきよらかな心から、正しい生き方を、子どものときにしっかり学んだからに、ちがいありません。

　10歳になったリビングストンは、織物工場ではたらくようになりました。そのうえ、朝6時から夜8時までの仕事が終わると、それから2時間、夜学にかよって勉

強をつづけました。

「かわいそうに、うちが貧しいものだから」

毎朝、母は暗いうちにわが子を送りだすと、いつも、ためいきをつきました。でも、少年リビングストンが、ぐちをこぼすようなことは、けっしてありませんでした。それどころか、初めての給料でラテン語の本を買って、仕事のあいまにも、機械の上にひろげて読みふけるようなしまつでした。

植物採集をするため、ひとりで山を歩いたり、友だちがこわがって近よらない古い城あとへ、へいきな顔をして探検に行ってみるようなところもありました。おとなしく勉強だけしている少年ではありませんでした。自分の目で確かめて、行動しながら学ぶという習慣を、しっかり身につけていました。

●不幸な人たちのために

「人びとの幸福のためにつくしたい。そのためには、聖書の教えに感心しているだけではだめだ。どんなによい教えでも、行動にうつさなくては、なんの意味もない」

このように考えたリビングストンは、科学と宗教と旅行の本をたくさん読みました。そして、海の向こうのことを空想しているうちに、しだいに、外国の人びとの生

活を真剣に考えるようになりました。
「そうだ、不幸な人びとのたくさんいる土地へ渡って、わたしの一生を、その人たちのためにささげよう」
 20歳になったとき、とうとう決心しました。行く先は、病気の人たちであふれているという中国です。父も、賛成してくれました。
「病気で苦しんでいる人を救うために、まず医学を学ぼう。そして、心のよりどころをあたえるために、宣教師の資格もとっておこう」
 自分の進む道をきめたリビングストンは、大学へ入りました。はたらきながら勉強するので、苦しい毎日でし

たが、夢を実現させるために、どんな困難にも、歯をくいしばってたえました。

でも、1度だけ、大きな失敗をしました。

宣教師の資格をもらうために、説教の試験を受けたときです。たくさんの人の前に立ったしゅんかんに、リビングストンはあがってしまって、話す内容をすっかり忘れてしまいました。

「すみません、みなさんに何をお話しするのか忘れてしまいました」

リビングストンは、顔をまっかにしてあやまりました。

このときは、試験におちてしまいましたが、数か月後には、だれにも負けないりっぱな説教ができるようになりました。

●ライオンにかみつかれて大けが

「これで、二度とお会いできないかもしれません」

父と母に別れをつげた27歳のリビングストンは、1840年12月、ついに、ロンドンの港を出帆しました。

しかし、波しぶきをたてて走る船の方向は、中国ではなく、アフリカでした。イギリスと中国とのあいだに戦争が起きて中国へは渡れなくなったため、リビングストンは、アフリカへ行くことにしたのです。

「アフリカへ行けば、いつ、いのちをおとすかもしれない。でも、どんなことにも、おそれはしないぞ」

リビングストンは、船のへさきに立って、水平線に暗黒の大陸があらわれるのを待ちつづけました。

5か月めにアフリカ南海岸のポートエリザベスについたリビングストンは、さらに2か月かかって、1000キロ奥のクルマンという村へたどりつきました。そこは、じりじりと太陽の照りつける荒れ地でした。

リビングストンは、長い旅のつかれも忘れて、すぐ病気の黒人たちにあたたかい手をさしのべ、暇をみつけては、アフリカの言葉の勉強も始めました。黒人と心から

の友だちになるためには、言葉が通じあうことがたいせつだと考えたからです。そして、半年で黒人と話ができるようになると、クルマンからもっと北の奥地へと入って行きました。

いろいろな危険が待ちうけていました。ライオンにいきなりかみつかれて、左うでを、肩から上にあげることができなくなりました。やりを持った黒人に、追いかけられたことや、殺されそうになったこともありました。道にまよって、何も食べずに３日も４日も、ジャングルのなかをさまよい歩いたこともありました。

でも、リビングストンは、どんなときでも、自分の信念を失いませんでした。また、どんなめにあっても、黒人とあらそうようなことはありませんでした。

「わたしは、黒人とあらそうためにアフリカへきたのではない。黒人と友だちになって、住みよいアフリカをつくるためにきたのだ」

この心をいつも忘れなかったリビングストンは、やがて、黒人たちから「神さまのような白人」と、尊敬されるようになりました。

●ヌガミ湖やビクトリア滝を発見

アフリカへきて４年めにリビングストンは、やはりこ

の地へきていたキリスト教宣教師の娘メアリーと結婚しました。そして、ふたりで協力して小さな学校を建て、黒人たちに、神のことや、物を作ることや、数をかぞえることなどを教えました。

　メアリーは、よくはたらき、黒人の子どもたちから、まるで母親のようにしたわれました。

　イナゴやイモムシやカエルなども食べなければならない生活は、想像いじょうにたいへんでした。でも、ふたりにとっては、黒人たちに囲まれて生きることが、なによりのしあわせでした。

　しかし、いつまでも同じところにはいられません。リ

リビングストンには、よりおおくの人に伝道する目的がありました。そして、その目的を果たすためには、あるがままのアフリカをくわしく調べなくてはなりません。リビングストンは、黒人たちといっしょに隊を組んで、本格的な探検に出発しました。

探検は、6年もつづけられました。そして、これまでのアフリカの地図にはなかったヌガミ湖や、世界でも最大級のビクトリア滝などを発見しました。でも、探検は苦しさとのたたかいです。かわいい子どもを伝せん病で死なせてしまったり、リビングストンをはじめとする隊員たちが、何度も病気でたおれたりしました。狂暴な黒人に道をふさがれたことも、猛じゅうにおそわれそうになったこともありました。のみ水がなくなったときは、どろ水をすするようにのみました。砂漠のまん中に湖や森が見え、かけつけてみると、実は、しん気楼だったということも、2度や3度ではありません。

「これくらいの苦しみや失敗に負けるものか」

リビングストンの子どものころからの負けずぎらいが、どんなことにも勝たせたのです。黒人たちが「もうもうとたちこめる霧」といっておそれていたビクトリア滝を発見したときは、水しぶきのなかに立ちすくんで感激のなみだを流しました。

「そうだ、1度、元気な顔を父や母に見せてやろう」

1856年、43歳になったリビングストンは、16年ぶりにロンドンへ帰りました。ところが、父は「わたしは、あの子を信じています」といい残して、すでに亡くなっていました。リビングストンは、悲しみをこらえて、アフリカ探検をいのちのある限りつづけることを、墓の中の父に約束しました。

ロンドンでは、リビングストンは探検家として、もう英雄でした。女王にも招かれました。ところが、キリスト教の宣教師のあいだでは、評判がよくありませんでした。キリスト教をひろめることよりも探検にむちゅうに

なったことを、悪くいう人がいたからです。でもリビングストンは、口先だけでキリスト教を伝えることよりも、アフリカの人びとに文明の光をあたえることのほうがたいせつだといって、探検の意志をまげませんでした。

● どれい商人の白人と戦う

2年ののち、リビングストンは、こんどはイギリス女王から正式に探検隊長に任命されて、ふたたびアフリカへ向かいました。愛するメアリーもいっしょです。

2年ぶりにもどってきたリビングストンに、黒人たちは、とびついてよろこびました。しかし、どの村も、ひどく荒れていました。焼きはらわれた村もありました。

ポルトガルのどれい商人たちが、平和に暮らしている黒人たちを、追いまわしていたからです。

「人間が人間を売ったり買ったりするなんて、ぜったいに許されないことだ。白人として、こんなはずかしいことはない」

リビングストンは、からだをふるわせて、なげき悲しみました。そして、つぎの日からは、白人につれて行かれそうな黒人たちを見つけると、ひとり残らず助けてやりました。黒人が首をくさりでつながれ、むちで打たれ、病気で弱ると殺して捨てられたりすることに、リビング

ストンはがまんができませんでした。どれい商人の白人たちと、はげしく戦ったこともありました。

この2回めの探検も、川をさかのぼるときカヌーがてんぷくしたり、隊員ににげられたり、いろいろな事件が起こりましたが、最大の不幸は、メアリーを黄熱病で亡くしてしまったことでした。

「いつもやさしく笑っていたメアリーは、もういない」

このときばかりは声をあげて泣いてしまいました。

翌年、リビングストンは、急に、ロンドンへ帰りました。リビングストンがおこなった、どれい商人にたいする妨害が、よその国から訴えられ、イギリスから帰国命

令がとどいてしまったからです。2回めのアフリカ探検は、こうして悲しい思い出ばかりを残して、6年間で終わりました。帰国したおかげで、母が亡くなるときにそばにいてあげられたことだけが、さいわいでした。

● がいこつのようになっても

イギリスにいたのは、わずかに1年、リビングストンは、またも、妻のメアリーが眠るアフリカの大地をふみました。52歳のときです。探検家リビングストンのからだは、日に日におとろえていきました。

あるとき、食べるものがなくなったリビングストンは、白人にごちそうしてもらいました。ところが、あとでこの白人がどれい買いの商人だったとわかると、はずかしいことをしたと、黒人たちにわびました。そして、それからは、二度と白人のせわにはなりませんでした。

たくましかったリビングストンは、しだいに、がいこつのようにやせおとろえていきました。しかし、ナイル川の水源地をさがし求めて、あるいは、どれい商人からひとりでもおおくの黒人を救うために、休むまもなく歩きつづけました。

やがて、ヨーロッパじゅうで、リビングストンは、もう死んでしまったといううわさが広がり、アメリカの新

聞記者スタンリーが調査にやってきました。

　リビングストンは、弱ったからだで、まだ探検をつづけていました。燃えるような太陽の下で、リビングストンとスタンリーは、ふるえる手と手をとりあいました。

　しかし、それから1年ののち、リビングストンは、小さな村で息をひきとりました。アフリカの探検を始めてから32年、ちょうど60歳になっていました。

「父が死んだ、先生が死んだ」

　黒人たちは、泣きながら遺体を祖国イギリスへ送りとどけました。物言わぬ人となって帰国したリビングストンに、国じゅうの人がなみだを流しました。

ショパン (1810—1849)

　ピアノの詩人とたたえられるフレデリック・ショパンは、ポーランドの首都ワルシャワの近くで生まれました。父も母も、音楽を愛する人でした。

　ショパンは、4歳のころからピアノをたたきはじめました。7歳で作曲の才能を示し、8歳でピアノ演奏会を開き、天才少年とよばれるようになった中学生時代には、とうぜん、音楽家として生きていくことを心に決めていました。

　20歳のとき、祖国をあとにしました。このころ初恋にやぶれたショパンは、失恋の悲しみをのりこえて偉大な音楽家への道をつき進むために、心のつばさを広げたのです。

「祖国を思いだしながら、がんばってくれたまえ」

　馬車にゆられるショパンの手には、ふるさとの人びとからおくられた、祖国の土をつめた銀のカップが、しっかり、にぎられていました。

　1831年の9月、ショパンは、ヨーロッパ文化の花が咲きみだれるパリで、新しい生活を始めました。初めは、祖国のことを思わない日はないほど孤独でした。ポーランドからでてきたいなかものの青年など、だれも相手にしてくれなかったからです。

　でも、作曲家、ピアニスト、文学者、画家たちと交わるうちに、しだいに、ピアノの詩人と、みとめられるようになりました。そして、パリ生活2年めに開いた演奏会で、ピアニストショパン、作曲家ショパンの名は、パリの人びとにすっかり知れわたるようになりました。

　栄光につつまれたショパンは、パリを第2のふるさとにして、

活やくをつづけました。演奏よりも作曲に力を入れ、夢のようにやさしいノクターン、優雅なワルツ、おごそかで美しいポロネーズ、情熱にあふれるマズルカなど、さまざまな種類の曲を次つぎに生みだしていきました。ポロネーズも、マズルカも、ポーランドの舞曲です。パリの空の下にいても、ショパンの胸には祖国への愛が、いつも燃えていたのです。

　パリへきてからも恋をしました。しかし、婚約までした女性とも、また９年も交際した女性とも、むすばれませんでした。

　結核におかされていたショパンのからだは、30歳をすぎたころから少しずつ衰えていきました。そして、1848年にロンドンで大成功をおさめた演奏旅行を最後にたおれ、つぎの年、ろうそくの火が燃えつきるようにして、39歳の短い生涯を閉じました。パリにほうむられようとするショパンの遺体にふりかけられたのは、銀のカップの中のポーランドの土でした。

シューマン (1810—1856)

　『トロイメライ』で親しまれているドイツの作曲家ローベルト・シューマンは、幼いころから音楽がだいすきでした。7歳で、すでに作曲を始めたといわれています。また、10歳ころから、ハイネやバイロンらの叙情詩を愛するようになり、音楽と文学にひたって少年時代をすごしました。

　しかし、16歳のときに父を亡くし、やがて、法律を学ぶために大学へ進みました。生活の安定した道へ進んでくれることを願う母に、さからうことができなかったからです。でも、音楽への夢を断ち切れないシューマンは、母に秘密で、ピアノや作曲を学びました。そして、20歳の年の春、イタリアのバイオリン奏者パガニーニの演奏を聞いたとき、もう、だれにも動かすことのできない決断をしました。

　「音楽はすばらしい。やはり音楽家になろう！」

　シューマンは、有名なピアノ教授ウィークの弟子になりました。ところが、ピアノにうちこみ始めて2年めに、むりな練習がたたり指をいためてしまいました。もう、ピアニストにはなれません。シューマンは、作曲家をめざす決意をしました。

　『謝肉祭』『交響的練習曲』『子どもの情景』。五線紙を前にしたシューマンは、春の野の光のような美しい曲を、つぎつぎに生みだしていきました。このころ、ウィークの娘クララとひそかに愛を誓いあっていたシューマンは、あふれでる愛を名曲にちりばめて、クララへささげたのです。

　1840年の秋、ウィークの反対をおしきって、クララとむすばれました。シューマンは幸せでした。ペンをとれば、うちふ

るえるような喜びが名曲になって、歌曲集『ミルテの花』『女の愛と生涯』『詩人の恋』などがほとばしりでました。また、それでもおさえきれない歓喜は『第1交響曲・春』『第3交響曲・ライン』『第4交響曲』などを生み、ドイツ・ロマン派を代表する作曲家の地位を、きずいていきました。

　いっぽう、文学に親しみ文才にもめぐまれていたシューマンは、音楽評論家としても活やくして、ショパン、ブラームス、メンデルスゾーンなどの音楽家を、世に送りだしました。

　30歳から40歳にかけては交響楽団の指揮棒もふり、さらにおおくの曲を作りました。しかし、1856年の死は、あまりにも不幸でした。若いころからの精神病がひどくなってライン川に身を投げ、救助されて精神病院に閉じこめられたまま、2年ごに46歳の生涯を終えたのです。シューマンは、音楽と、詩と、そして妻クララを愛しすぎたのかもしれません。

ミレー (1814—1875)

『晩鐘』や『落ち穂ひろい』などの名画で、ふるくから日本人にしたしまれているジャン・フランソア・ミレーは、1814年、フランス西北部の小さな村で生まれました。

家は、まずしい農家でした。しかし、畑しごとをしながら教会の合唱団の指揮者をつとめる父や、神を深く信仰する祖母などにかこまれて、ミレーは、そぼくな田園とはたらく農民たちを愛する人間に育っていきました。

子どものころから絵の才能にめぐまれ、18歳のとき画家のもとへ弟子入りしました。そして、23歳になると、近くの市から奨学金をもらってパリへ出ました。ところが、はなやかな都会の生活は、どうしてもすきになれませんでした。そのうえ、心をうちこめる絵もかけず、結婚してからは、裸体画や看板をかいて、その日の生活をつづけるよりしかたがありませんでした。

ある日、自分の絵を飾った店のまえを通りかかったとき、ふたりの男の話し声が耳にはいりました。

「あの裸婦の絵は、だれの絵だろう」

「ミレーだよ。あんな絵ばかりかいているんだ」

これを聞いたミレーは、はずかしさと悲しさに、からだをふるわせました。そしてこのとき、これからはお金のために絵をかくのをやめて、どんなに貧しくても、ほんとうの自分の絵をかいていこうと決心しました。

パリのはずれの、バルビゾンというしずかな村に移り住んだミレーは、農村の人びとの生活を描きはじめました。

しかし、フランスじゅうに明るい美術の花がさきはじめてい

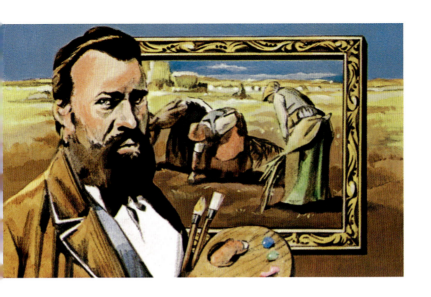

た時代に、神への祈りをこめたミレーの暗い絵は、展覧会には入選しても、買ってくれる人はほとんどありませんでした。

貧しさのうえに、ときにはすっかり自信を失ってしまい、自殺を考えたこともありました。でも、心の強い妻や、思いやりのある友だちにはげまされながら野や畑にでて絵をかきつづけ、やがて『種まく人』や『木をつぐ男』などの作品を、つぎつぎに発表していきました。

ところが、農民画家として名声があがり、生活もやっと楽になったときには、からだはすっかり結核におかされ、苦しかった生涯を60歳でとじてしまいました。

農民たちの心を深くみつめた名画のかずかずは、ミレーの死後、世界の人びとにますます愛されるようになり、フランスのルーブル美術館(現在はオルセー美術館)に飾られた『晩鐘』の前には、この名画をたたえる人が、いつもたえることがありません。

ビスマルク (1815—1898)

　19世紀初めのドイツは、40近い国に、こまかくわかれていました。そして、そのなかでも勢力の強いプロイセンとオーストリアの2つの国が、自分の国を中心に、1つに統一したドイツ国家の建設を狙っていました。オットー・フォン・ビスマルクは、プロイセンによる統一をなしとげたドイツの政治家です。

　ビスマルクは、1815年、プロイセンの田舎で、広い土地をもつ貴族の家に生まれました。貴族の子だというのに、少年時代から、わんぱくで、大学で法律を学ぶようになっても、決闘をくり返しました。しかし、勉強は、なまけませんでした。

　大学を卒業して、役人になりました。でも、きゅうくつな役人の社会がすぐいやになり、故郷へ帰って父の仕事をひきついだのち、プロイセン連合州議会の議員になって政治家の道をあゆみはじめました。

　そのころのドイツには、封建的な王政をたおして民主主義国家をきずく、革命運動がめばえていました。しかし、プロイセン王国を愛するビスマルクは、革命には反対でした。

　1862年、ビスマルクに、戦いにいどむ日がおとずれました。ドイツ統一の夢をえがく国王にみとめられて、プロイセンの首相に任命されたのです。

「ドイツ統一の問題は、言論の力や多数決などの民主的な方法では、とうてい解決できるものではない。鉄と血によってのみ解決できるものである」

　ビスマルクは、こうさけぶと、議会の反対をおしきって強力な軍隊をつくりあげました。鉄は武器です。血は兵士です。

　1866年、武器と兵をととのえたビスマルクは立ちあがり、わずか7週間で、オーストリアをドイツ連邦から追いだすことに成功して、まず、北ドイツ連邦を建設しました。
「ドイツ統一のためには、フランスの力がじゃまだ」
　1870年には、力の強いドイツ国家が生まれるのをおさえようとするフランスに、わざと戦争をしかけて、つぎの年、パリを占領してしまいました。そして、南ドイツの国ぐにを従わせ、プロイセン国王を初代の皇帝に即位させて、ついに新しいドイツ帝国をきずきあげました。
　ビスマルクは、そのご、外交や産業の発展にも力を入れ、やがて首相をしりぞいたのち、83歳で亡くなりました。
　鉄血宰相とよばれたビスマルクは、武力をふるった軍国主義者でした。でも、ドイツ統一の功績は、いつまでもたたえられています。

ブロンテ姉妹

シャーロット（1816—1855）
エミリー　　（1818—1848）
アン　　　　（1820—1849）

孤児として暗い環境に育った家庭教師ジェーンの半生を語りながら、おさえつけられた女性の、愛と自立と自由への訴えをえがいた『ジェーン・エア』。

風のふきすさぶ荒野を舞台に、2つの家の、3代にわたるのろわれた恋とふくしゅうをえがいた、悲劇『嵐が丘』。

『ジェーン・エア』の作者、シャーロット・ブロンテと、その妹で『嵐が丘』の作者エミリー・ブロンテは、1816年と1818年にイギリスのヨークシャーで生まれました。父は牧師でした。

母は、シャーロットが5歳のときに結核で亡くなりました。

兄弟は6人でした。しかし上のふたりは10歳をすぎると短い生涯をとじてしまい、残された4人の兄弟は、伯母に育てられました。荒れはてた土地と、さびしい家での生活には楽しいことは少なく、兄弟は、毎日、本を読み、本にあきると夢や空想を語りあい、その夢や空想を詩や物語に書いてすごしました。

シャーロットもエミリーも、いちばん下の妹のアンも、20歳のころから、学校の先生や家庭教師になりました。そして、やがては、自分たちで小さな学校を開く計画をたてました。でも、この計画は、たったひとりの男の兄弟ブランウェルが、酒と麻薬でふつうの生活ができなくなってしまったことや、生徒が集まらなかったことで、実現しませんでした。

3人の姉妹は、4年ごとの誕生日に、それぞれ書いたものを出しあう約束をして、詩や小説を書き始めました。そして、数年ご、3人の共同詩集を出版しました。ところが詩集は、わず

か数冊しか売れませんでした。
　3人は、けっしてがっかりしてしまうことはなく、こんどは小説にとりかかりました。
　それから1年、シャーロットは『ジェーン・エア』を、エミリーは『嵐が丘』を、アンは『アグネス・グレー』を出版しました。国じゅうの人びとは、3人の姉妹がそろって本を出したことに、おどろきました。しかしなかにはシャーロットが妹たちの小説も書いたのだろう、と疑う人もありました。
　姉妹は、またたくまに有名になりました。でも、兄弟がよろこびあえたのは、たった1年。本を出版した翌年にはブランウェルとエミリーが病死しました。そしてアンもまたつぎの年に、シャーロットも6年ごに、39歳の若さでこの世を去ってしまいました。
　姉妹の一生は、けっして幸福とはいえませんでしたが、それにも屈せず、永遠の名作を残したのです。

マルクス と エンゲルス
（1818—1883）　　　（1820—1895）

　カール・マルクスも、フリードリヒ・エンゲルスも、美しいライン川の流れるドイツのライン州で生まれました。マルクスは、大学で法律や哲学や歴史を学びました。エンゲルスは、16歳で学校をやめ、自分の力で、哲学や政治学の勉強をつづけていました。そのふたりが、初めて固く手をにぎりあったのは、1844年のことです。

「労働者がしあわせになれる社会主義の社会をうちたてるためには、金持ちの資本家が会社や工場をにぎり、労働者はその資本家に使われるだけの社会のしくみを、改めなければだめだ」

　ふたりは、すべての人間が平等に暮らすことのできる社会主義についての考えが、まったく同じだったのです。マルクスは26歳、エンゲルスは24歳でした。

　労働者たちが人間平等の社会をきずこうとする、共産主義者の集まりに加わっていたふたりは、共産主義の正しい考えをひろめるために、1848年『共産党宣言』を書きあげました。ところが「万国の労働者よ、団結せよ」とうったえた宣言は資本家たちをおこらせ、ふたりは、どこの国へ行っても追われるようになってしまいました。

　ふたりはイギリスへ渡り、マルクスは、資本家と労働者の差別のない社会をつくるための経済学の研究を始めました。いっぽうエンゲルスは、会社ではたらいて、マルクスに生活費を送りつづけながら、研究に協力しました。

　マルクスは、それからおよそ10年、雨の日も風の日も大英博物館にかよいつづけて、研究に研究をかさねました。しかし

生活は苦しく、食べるのにもことかき、ついに、3人の子どもを次つぎと失ってしまいました。

　41歳のときマルクスは、研究の成果を『経済学批判』という本にまとめて発表しました。そして、さらに8年ごに、『資本論』第1巻をまとめて出版しました。でも、はげしい研究と貧しさのためにからだをいため、1883年2巻目の『資本論』を書きかけたまま、64歳の生涯を終えました。

　残された『資本論』は、そののちりっぱに出版されました。
「死んだ友人のためにしてやれることは、これしかない」

　エンゲルスが、マルクスの遺志をひきつぎ、10年の歳月をかけて完成させたのです。

　エンゲルスは、『資本論』をまとめたつぎの年にガンでたおれました。『資本論』1-3巻はこうして世に残り、社会・共産主義国家の建設に、大きな影響をあたえてきました。

ドストエフスキー（1821—1881）

1849年12月、ロシア北西部にあるペテルブルグの監獄で、革命をくわだてたという罪で死刑を宣告された20人あまりの男が、いまにも銃殺されようとしていました。いよいよ銃が火をふこうとしたその瞬間に、皇帝のゆるしがでました。男たちは命をとりとめ、そのかわりに長い懲役と軍への入隊を言いわたされて、雪と氷のシベリアへ送られて行きました。

この男たちのなかに、28歳のドストエフスキーもいました。

ドストエフスキーは、1821年に、モスクワで生まれました。父は貴族の肩書きをもつ医師でしたが、家の暮らしは、豊かではありませんでした。

父のすすめで、16歳のときに陸軍工兵士官学校に入学しました。しかし、子どものころから文学がすきだったドストエフスキーは学校に入ってからも詩や小説を読みつづけ、そのため、2年から3年になるときには落第してしまいました。

23歳のときに作家になろうと思って軍をしりぞき、つぎの年『貧しき人びと』を書きました。この作品はかなりの評判を得ましたが、やがて、すべての人をしあわせにしようという空想的社会主義にひかれるようになり、そのグループに加わったことがとがめられて銃殺されそうになったのです。そのご、4年の牢獄生活と5年の兵役を終えたときは、すでに38歳になっていました。

自由をうばわれ、聖書のみを読みつづけた牢獄生活は、ドストエフスキーに、人間とは何か、自由とは何か、罪とは何か、神とは何かを深く考えさせました。そして、社会の革命を考え

るよりも、人間の心を見つめるようになり、獄中の苦しみをつづった『死の家の記録』を発表しました。つづいて『罪と罰』『白痴』『カラマーゾフの兄弟』などの名作を次つぎに書きあげていきました。

　法律の罪をみとめず金貸しの老婆を殺した大学生が、しだいに罪の意識におびえるようになり、やがて、心の美しい少女の愛によって自首するまでの苦しみをえがいた『罪と罰』。

　てんかんの持病をもちながら、人をにくむことを知らない純粋な男が、いつのまにか、よごれた社会にまきこまれて死んでいく、人間の悲劇をえがいた『白痴』。

　父親殺しをめぐる3人の兄弟のにくしみと愛をとおして人間の精神をさぐり、最後の長編となった『カラマーゾフの兄弟』。

　60年の生涯でドストエフスキーが問いつづけたものは、人間の心、魂にひそむ矛盾と目に見えない神の存在でした。

「読書の手びき」

リンカーン

アメリカ合衆国の首都ワシントンにあるリンカーン記念館には、毎年、数百万人の人びとがおとずれるといわれています。このことをみても、リンカーンが、いまもなおアメリカの国民の心の中で、いかに大きく生き続けているかがわかります。リンカーンは、大統領をつとめた、およそ５年の間、人間の平等を訴え続けて人道主義をつらぬきとおし、人類の歴史に永遠に残る奴隷解放を宣言して、黒人たちに自由に生きる光を与えました。多くの演説のなかで「われわれは、みんな友だちだ」と訴え、隣人のしあわせのために、政治生命のすべてをつぎこんだのです。リンカーンの偉大さは、政治家としての崇高さにあります。丸太小屋の少年が苦労の果てに大統領になったとしても、終局において名誉心におぼれた大統領であったら、それは凡人の生涯と何も変わらなかったはずです。政治家の原点を見ることができるところに、リンカーンの最大の魅力があります。

ダーウィン

アメリカの一部の州では、1968年まで、サル法という法律によって、学校でダーウィンの進化論を教えることを禁止していました。進化論が、聖書の記述にそむくだけではなく、人間がサルのような動物から進化してきたということに、がまんがならなかったからです。ダーウィンの『種の起源』は、それほどまでに、世界の人びとに、大きなショックをあたえました。しかし、いまはもう、人間の先祖はサルだったということを、疑う人はいません。科学の真理が、世界を征服したのです。ところで、ダーウィンの進化論によって、たいへん、はっきりしたことがあります。それは、進化論をさかのぼって考えれば、人間と動物が、けっして別の生きものではないということです。そして、このことは、人間も、動物